Perros
con trabajos
Katie Gillespie
EYEDISCOVER

Ve a **www.eyediscover.com** e ingresa el código único de este libro.

CÓDIGO DEL LIBRO

AVT43786

EYEDISCOVER te trae libros mejorados por multimedia que apoyan el aprendizaje activo.

Published by AV² by Weigl
350 5th Avenue, 59th Floor New York, NY 10118
Website: www.eyediscover.com

Library of Congress Control Number: 2018942817

ISBN 978-1-4896-8215-4 (hardcover)

Printed in the United States of America
in Brainerd, Minnesota
1 2 3 4 5 6 7 8 9 0 22 21 20 19 18

052018
011618

English Editor: Katie Gillespie
Spanish Editor: Ana María Vidal
Designer: Mandy Christiansen
Spanish/English Translator: Translation Services USA

Weigl acknowledges Getty Images and Newscom as the primary image suppliers for this title.

EYEDISCOVER proporciona contenido enriquecido, optimizado para el uso en tabletas, que complementa este libro. Los libros de EYEDISCOVER se esfuerzan por crear un aprendizaje inspirado e involucrar a las mentes jóvenes en una experiencia de aprendizaje total.

Mira
El contenido de video da vida a cada página.

Navega
Las miniaturas simplifican la navegación.

Lee
Sigue el texto en la pantalla.

Escucha
Escucha cada página leída en voz alta.

Tu EYEDISCOVER con Seguimiento de Lectura Óptico cobra vida con...

Audio
Escucha todo el libro leído en voz alta.

Video
Los videos de alta resolución convierten cada hoja en un seguimiento de lectura óptico.

OPTIMIZADO PARA

- TABLETAS
- PIZARRAS ELECTRÓNICAS
- COMPUTADORES
- ¡Y MUCHO MÁS!

Perros con trabajos

En este libro, aprenderás sobre

- **cómo ayudan**
- **dónde trabajan**
- **qué hacen**

¡y mucho más!

POLICE PO
POLICE

Muchos perros tienen trabajos. Ellos deben aprender a hacer bien su trabajo.

Cada perro trabaja con su propio entrenador. Se hacen amigos y entrenan juntos.

Los perros de bomberos trabajan con los bomberos. Un perro de bomberos puede olfatear cómo pudo haber comenzado un incendio.

K-9
POLICE DOG

Los perros de policía y los policías trabajan juntos. Ellos revisan autos en lugares importantes.

Los perros de rescate ayudan cuando hay problemas. Un perro de rescate puede encontrar personas que pueden estar lastimadas.

Los perros del ejército utilizan su fuerte sentido del olfato para encontrar cosas peligrosas. Ellos ayudan a mantener a las personas a salvo.

Los perros de trineo pueden correr muy rápido. Ellos trabajan en equipos para tirar de trineos y hacer entregas.

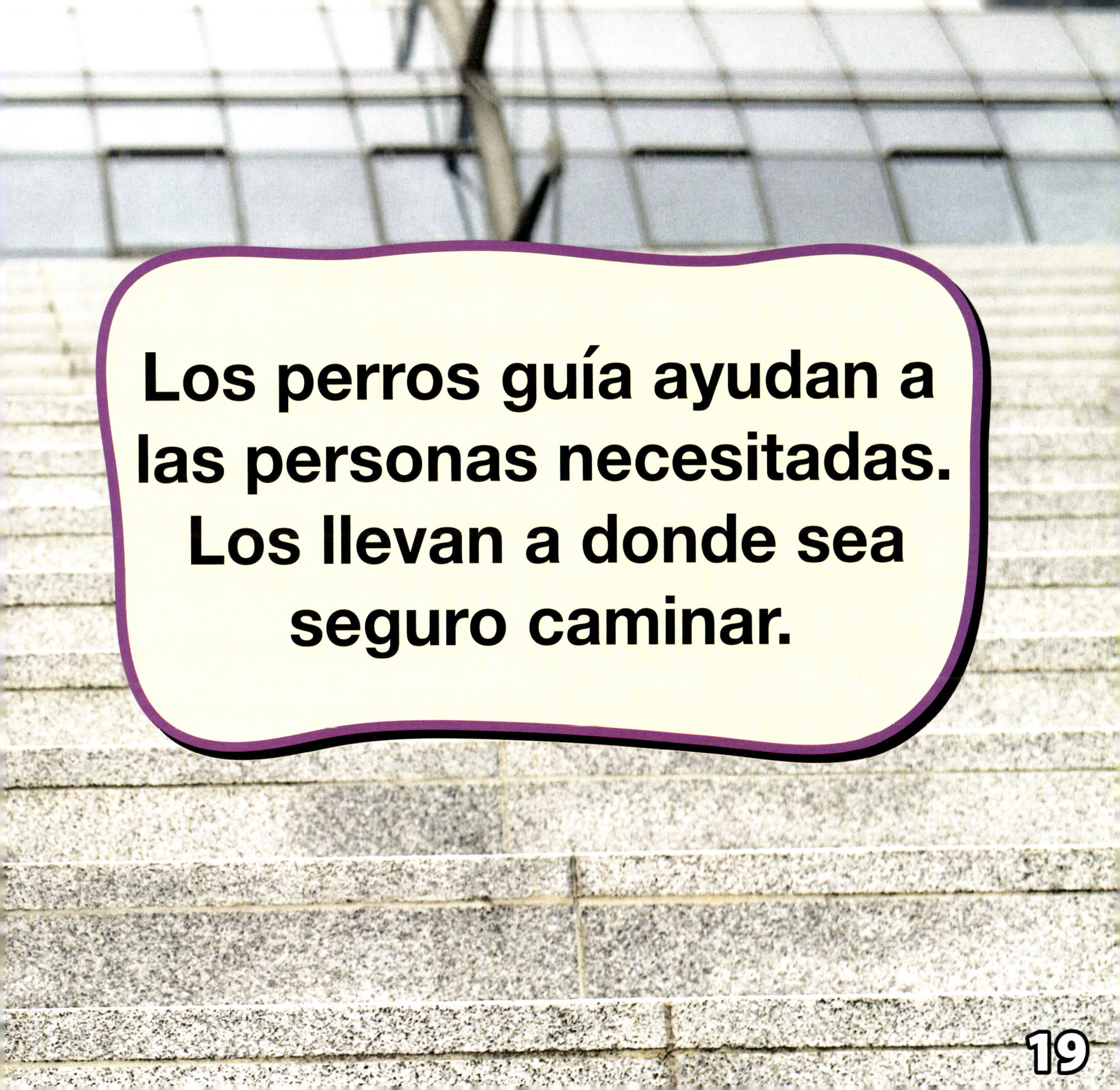

Los perros guía ayudan a las personas necesitadas. Los llevan a donde sea seguro caminar.

Me gusta aprender sobre los perros con trabajos. A veces vienen a visitar mi escuela.

PERROS CON TRABAJOS EN NÚMEROS

La mayoría de perros guía comienzan a **trabajar** a los **2 años y medio.**

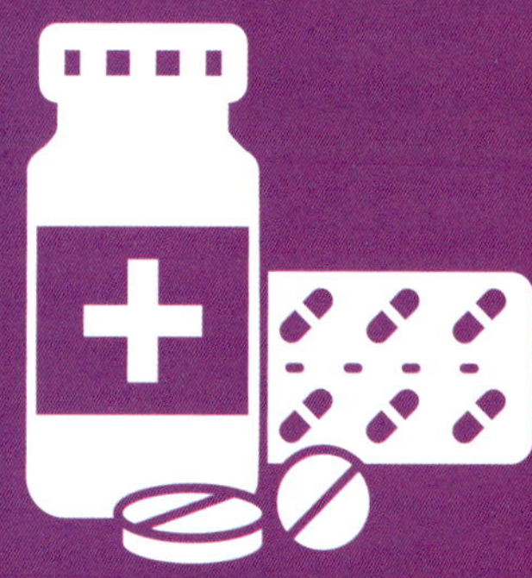

Los **perros de trineo** ayudan a entregar **medicinas** y otros **bienes importantes.**

La **primera** escuela de perros guía se abrió en Alemania.

LOS PERROS MILITARES

tienen 98 %

de éxito

encontrando bombas.

Los perros esquimales

son los perros de trineo

más populares.

Un solo perro

puede reunir

hasta 80

ovejas a la vez.

Los perros salchicha, terriers

y sabuesos son algunos

de los mejores perros

de caza.

Mira
El contenido de video da vida a cada página.

Navega
Las miniaturas simplifican la navegación.

Lee
Sigue el texto en la pantalla.

Escucha
Escucha cada página leída en voz alta.

Ve a www.eyediscover.com e ingresa el código único de este libro.

CÓDIGO DEL LIBRO

AVT43786